Tabula Universalis Perpetua Pro Missio Votivis Tam Privatis Quam Solemnibus In Septem Sectionibus Disposita...

Anonymous

PRÆFATIO.

*Latére non potest legentem V. T. paginas quod præcepta cæremonialia sacerdotibus ac populo israeliticis Deus observanda tradidisset, ut illum sibi arctius devinceret, et cultum ipsi debitum alienum prorsus á superstitiosis observantiis exhiberet. Bona cœli terræque ea servantibus pollicitus est, maledicta è contra transgredientibus minatus, ita, ut etiam Israelem de superficiæ terræ ablaturum, et templum ipsum quod nomini suo sanctificavit positurum asseveraret in exemplum indignationis.**

Nihil enimvero tam in corde est D. O. M. quam ut præstitus cultus supremæ suæ Dominationi, sit et majestate et decore plenus; utque in sacrarum cæremoniarum observatione noster erga eum amor videatur et reverentia.

Si igitur cum prisco levitarum ordine sic Deum se gessisse certissimum est, ¿credendumne novo sacerdotio indulsurum, oscitantiam laturum, et relicturum impuné opus factum fraudulenter?

Ecclesia sponsa Christi inmaculata leges tulit regulasque sapienter præscripsit quibus parere debent Sacerdotes: quorum inobservantia et Dei majestatem parvi faciunt, et fidem populi extinguunt, et indifferentiam certe abominabilem patefaciunt, et opere confirmant quidquid mundus cruenta censura affirmat ¡utinam semper injustè! de Clericorum incuria et inscitia.

Amplissimam provinciam Sacerdoti offerunt sacri ritus et ceremoniæ: eam sedulo percurrens in nonnullas offendet difficultates, nisi optimum ductorem, auctorem inquam probatum seligat consulturus. Præsertim dum de Missis votivis agitur innumeræ fere variationes occurrunt, quæ nisi in re liturgica versatus sit animum certe præoccupare necesario debent.

* Deuteronom. c. 28. et III. Regum c. 9. v. 6, 7 et 8.

Ut igitur ambagibus omnibus circa hanc materiam occurratur, et Sacerdotibus selectis libris carentibus aliquo modo consulatur, Tabulam hanc universalem duxi componendam, in qua clarè et synopticè quidquid est scitu necessarium appareat. Nihil in ea quod non sit præscriptum á S. R. C., nihil non conforme Rituali romano, atque doctrinæ perillustris Bartolomæi Gavanto aliorumque in re sacra peritorum: formæ tantum et brevitatis exhibet novitatem. Quantam denique utilitatem hujusmodi exiguus labor allaturus sit non opus est me verbis probare multis, cum unusquisque idipsum sit experientia comperturus. Valete.

J. B.

ANNOTATIONES
ad omnes Missas Votivas.

1. Missa votiva appellatur ea, quæ non est de die, seu quæ non correspondet officio, sed pro voluntate dicitur sive sacerdotis ipsius, sive ejus ad cujus nutum celebratur.

2. Missæ votivæ aliæ sunt solemnes, aliæ privatæ: Votivæ solemnes sunt eæ quæ dicuntur pro *re gravi*, vel pro *publica Ecclesiæ causa*: Privatæ verò eæ sunt, quæ ex minori et privata, sed semper *rationabili* causa dicuntur.

3. In omnibus Missis votivis, quæ non sunt *de Requiem*, dicitur Psal. *Judica me Deus*, et terminatur cum *Gloria Patri*, tam ad Introitum quam etiam in fine Psal. *Lavabo*, in Missis quoque votivis *de Passione*, vel *de Cruce*, vel aliis quibuscumque, quæ dicuntur infr. Hebdomadam Passionis.

4. In quacumque Missa votiva tempore Paschali in fine Introitus dicuntur duo *Alleluja*, et in fine offertorii, et commun. additur *Alleluja*, ubi non habetur.

5. Necesse non est in Missa votiva, sicut etiam in Missa de semiduplici, vel de simplici dicere plures collectas, semper impares numero, puta tres, quinque, vel septem: et hoc constat ex Decr. S. R. C. 2 Decembris 1684.

6. Potest quilibet sacerdos addere in Missa nomen S. Joseph Sponsi B. M. V. in oratione *A cunctis*, (1) et hoc ante nomina SS. Apostolorum Petri et Pauli, non autem in *Canone*. S. R. C. 17 Sept. 1815.

7. Graduale cum *Alleluja*, dicitur etiam Tempore Adventus, licet illud omittatur *in Missa* de Feria.

8. In Missis votivis, quæ propriam Præfationem non habent, dicitur Præfat. de tempore nempe vel Quadragessimæ, vel Passionis, vel Pasch.: nam extra hæc tempora dicenda est Præfatio communis, exceptis Missis infra aliquas octavas celebrandis; in his enim dicitur Præfat. de octava, nisi votiva habeat propriam: *Communicantes* verò de octava si propriam habeat.

9. In omnibus Missis votivis tam privatis quam solemnibus, semper dicitur in fine Evang. S. Joannis, *In principio erat Verbum etc.*

(1) Oratio *A cunctis* dicitur á Purificat. usque ad Dom. Passionis, et ad Oct. Pent. usque ad Adventum. In Adventu ejus loco dicitur *Deus qui de Beatæ*. A Nativit. usque ad Purific. *Deus qui salutis*. Tempore Paschal. et infra quascumque octavas (quæ non sunt B. M. V. et Fest. omnium Sanctor.) item in Vigiliis *Concede nos*. Infra oct. B. M. V. et Fest. omnium Sanctor. eorumdemque vigilia, *Deus qui corda fidelium*.

PRIMA SECTIO EXEMPLARIS
pro Missis Votivis privatis primi generis.

VOTIVA PRIVATA.	COLOR	MISSA.	GLORIA	ORATIONES.	CREDO.	PRÆFA-TIO.	ITE &C. VEL BENED.
Sancti Michaelis Archangeli.	Alb.	Propr. ut in ejus dedicat. 29 Sept. mut. mutandis. cum vot. Ang. post Sept. vel Temp. Paschal.	Dicitur.	✠ Prima orat. huj. Missæ Vot. 2 Off. curr. 3 vel Oct. vel Fer. maj. vel Simpl. si occurrant, vel *A cunct.* vel alia B. M. pro temp. respective.—NotaInfr. Oct. loco orat. *A cunctis* dic. or. *Concede* et inf. Hebd. Passion. 2 fer. 3 simpl. aut ecclesiæ vel pro Papa.	Omittitur.	Communis.	Ite Missa est.
S. Joannis Baptistæ.	Alb.	Propr. ut in festo Nativit. ejusdem 24 Junii.	Omitt.	4.ª or., secr. et Postcom. ex ejusd. S. Vigilia, rel. ut supra ad signum ✠ Tract. post Sept. *Desiderium* Vers. alter Temp. Pasch. *Justus germinab.* ex 2.° loco Confess. non Pont.	Omitt.	Comm.	Benedicamus Domino.
De S. Joan. Decollat. extra Tempus Paschale.	Rub.	Ut in ejus fest. die 29 Aug.	Omitt.	4.ª or. huj. Missæ mutando vocem *Festivitas* in voc. *Commemoratio.* rel. ut ad sign. ✠	Omitt.	Comm.	Bened.
De S. Joan. Decollat. Temp. Pasch.	Rub.	*Protexisti* ut in fest. S. Marci.	Omitt.	Retent. orationib. Epist. et Evang. ut in Missa 29 Aug. rel. ut ad sign. ✠	Omitt.	Pasch.	Bened.
S. Marci Evangel. post Sept. et Temp Quadragesimæ.	Rub.	Ut in fest. S. Lucæ Evangel. 18 Oct.	Omitt.	Orat. et Epist. ut in Fest. S. Marci 25 April. Tract. *Beatus vir* de com. unius mart. Pont. 2 et 3 ut ad signum ✠	Omitt.	De Apostolis.	Bened.
Sanctor. Martyr.	Rub.	Prop. vel de comm	Omitt.	Ut ad signum ✠	Omitt.	Comm.	Bened.
Sanctor. Confessor.	Alb.	Prop. vel de comm	Omitt.	Ut ad signum ✠	Omitt.	Comm.	Bened.
Sanctar. Virg. et Martyrum.	Rub.	Prop. vel de comm	Omitt.	Ut ad signum ✠	Omitt.	Comm.	Bened.
Sanctar. Virgin. et Sanctar. nec Virg. nec Martyr.	Alb.	Prop. vel de comm	Omitt.	Ut ad signum ✠	Omitt.	Comm.	Bened.
Omnium Sanctor. extra Temp. Paschale.	Alb.	*Timete Domin.* ut 8 Aug. Ep. Ev. et rel. ut in fest. Omn. Sanc.	Omitt.	1.ª or. *Concede quæsumus* quæ est 1.ª inter or. diversas. ad libit. 2.ª Off. curr., 3.ª si dici deberet *Concede nos* vel *A cunctis*, ejus loc. dic. de Spir. S.	Omitt.	Comm.	Bened.
Omnium Sanctor. Temp. Pasch.	Alb.	*Sancti tui* etc. de com. Plur. Martyr.	Omitt.	Orationes ut in Missa extr. Temp. Paschal.	Omitt.	Pasch.	Bened

ANNOTATIONES

quæ spectant ad Missas Votivas primi generis.

—••➤➤⊙✳◖◄◄•—

1. Dies in quibus Missæ votivæ privatæ prohibentur sunt sequentes.

In Diebus Dominicis, et in Officio Duplici.

Infr. Oct. Epiph. Pasch. Pentec. Nativit. Dni. et ear. vigiliis.

Infr. Oct. Corporis Christi.

In fer. IV cinerum et in tota majori Hebdomada.

2. In Missis votivis primi generis idem adhibetur color, ac in die eorumdem festorum et sanctorum. Ab hac regula tamen excipi debet Missa votiva de SS. Innocentibus, in qua, si ut votiva dicatur, colore rubeo utendum est.

3. Missæ votivæ dici possunt de quocumque Sancto de cujus Canonizatione vel ex Martyrologio, vel alias constat; non verò de Sanctis toleratis tantum uti docebimus in V sectione.

4. De Tempore verò e. g. de Dominica, de Adventu, de Quadrag. etc. item de Festis mobilibus, v. g. de Pascha, Ascensione Domini etc. certissimum est quod Missæ votivæ non celebrantur. Verum de SS. Trinitate, de Spiritu Sancto, de SS. Corporis Christi Sacramento etc. Missæ votivæ dici possunt: attamen non eæ, quæ in suis Festivitatibus habentur, sed eæ quæ in fine Missalis assignantur ut votivæ de præfatis mysteriis et solemnitatibus.

5. Insuper celebrari possunt Missæ votivæ etiam de SS. Corde Jesu, de Pretioso ejus Sanguine, deque sacratissima ejusdem spinea Corona et aliæ hujusmodi quæ pro aliquibus locis habentur (ac tantum in iis Diœcessibus quibus privilegium concessum fuit celebrandi eorum Festa) cum orationibus ut ad signum ✳ hujus primæ sectionis, et cum Præfat. *de Cruce*: exceptis Missis vot. de SS. Corde Jesu, quæ celebratur à Dom. Trinit. usque ad Septuag., in his enim legitur Præf. *de Nativitate*; à Septuag. verò usque ad Pentec. *de Cruce*, ut superius adnotavimus.

6. Quod si petatur Missa votiva de Angelis Custodibus, servatis servandis, poterit dici Missa votiva ea quæ habetur in Missali *dia 2 Octobris* in festo dictorum Angelorum. Eo modo discurrendum est de Missis Sanctor. Archangelorum Gabrielis et Raphaelis quæ sunt à S. Sede approbatæ.

7. De SS. Innocentibus Missa erit, tempore Paschali, de comm. plurimor. Martyrum *Sancti tui Domine*, cum Psal. *Laudate pueri Dominum* retentis orationibus et vers. post Epist., sed omissis verbis *hodierna die*.

8. In aliis votivis Sanctorum vel dicitur Missa propria sancti, si habet, facta convenienti mutatione in Introitu et orat.; ex. gr. pro *Natalitia*, *Festa* et simili verbo, dicatur *Commemoratio*, et taceantur illa verba *Hodie*, *Hujus diei*, *Hodierna die*; desumptis item vel *Tractu* vel *Versibus* cum *Alleluja* vel etiam *Graduale*, si opus est, ex Missa de Communi (ita tamen ut quæ sancti alicujus propria omnino sunt, ea quocumque tempore dicantur, ut versus S. Martini, S. Andreæ, S. Francisci; communio S. Ignatii, S. Agathæ, et similia); vel certe tota Missa dicatur de comm. prout ratio temporis sive Pasch., sive non Pasch. requirit, et cum locus, ut supponitur, determinatus non sit, hæc poterit eligi ex 1.° vel 2.° loco, prout placuerit, et devotio suggesserit.

9. Si petatur Missa votiva alicujus sancti infra octav. ejusdem, in die tamen in quo non fiat officium de die infr. octavam, sed de aliquo Sancto semid. in eo casu dici debet Missa illius Sancti juxta ritum Missæ votivæ, sine *Gloria*, sine *Credo* et cum *Benedic. Domino.* Idem dicendum est de Missa votiva B. M. V. celebranda infr. aliq. Oct. ejusdem, in die in quo fit de aliquo festo semidupl. sabbato excepto, ut suo loco adnotabimus.

10. Si dicenda sit Missa votiva de Sanctis, quorum habentur Reliquiæ insignes, si fuerint omnes ejusdem qualitatis, puta omnes Martyres, vel omnes Confessores, Missa dicatur de comm. Martyrum vel Confessorum ut in hac 1 sectione exempla præbuimus. Si verò fuerint Martyres alii, alii vero Confessores aut Virgines, Missa erit dicenda de com. plurimor. Martyrum, nisi quod in orationibus tacenda erit qualitas *Martyrum*, vel sumendæ erunt orationes de Missa S. Calixti Pp. et Mart. 14 Octobris.

11. In Missa de Sancto, qui titulus est Altaris, de quo tamen non recitatur officium sed Missa tantum ad ejusdem Altare, in die festo illius (et quia non debet omitti oratio ejus, de quo fit officium), convenit, ut tertia sit oratio quæ tunc temporis secundo loco dicenda foret; est enim hæc Missa ex votivo et festivo mixta: ex votivo quia discordat ab officio; ex festivo quia eo die obiit Sanctus de quo dicitur Missa; et ideo in ea locum habet etiam Hymnus Angelicus, ac *Ite Missa est*, non vero Symbolum, quod tantum decantari potest in Missa solemni, ut dicemus in V. sect. n. 9.

SECUNDA SECTIO EXEMPLARIS

pro Missis Votivis privatis secundi generis.

—◆—

VOTIVA PRIVATA.		COLOR	MISSA.	GLORIA	ORATIONES.	CREDO.	PRÆFATIO	ITE &C. VEL BENED.
Fer. II.	De Sma. Trinitate	Alb.	Propria votiva.	Omittitur.	Ut in I Sectione ad sign. ✠	Omitt.	Propr.	Bened.
Fer. III.	De Angelis.	Alb.	Propria votiva.	Dicitur.	Ut in I Sect. ad sign. ✠	Omitt.	Comm.	Ite Missa est.
Fer. IV.	De Apost. extra Temp. Paschale.	Rub.	Propria votiva.	Omitt.	4.ª or. huj. Missæ vot., 2. off. curr., 3.ª si dici deberet *A cunctis*, ejus loco dic. *Concede.* Si fiat de Cathedra aut de conversione 2.ª or. erit semper de alterutro Dictorum 3.ª vero off. currentis.	Omitt.	De Apostolis.	Bened.
	De Apost. Temp. Paschal.		*Protexisti* ut 25 Ap. Or. Epis. et Evang. vot.					
Fer. V.	De Spirit. Sancto, vel	Rub.	Propria votiva.	Omitt.	*Not.* Si ad postuland. Sp. S. grat. dic. Missa, tunc loco *Deus qui corda,* dicenda or. *Deus cui omne cor* etc.	Omitt.	Propr. omiss. *Hodierna die.*	Bened.
	De SS. Sacramento.	Alb.	Propria votiva.	Omitt.			De Nat.	Bened.
Fer. VI.	De SS. Cruce, vel	Rub.	Propria votiva.	Omitt.	Ut in I Sect. ad sign. ✠	Omitt.	De Cruce.	Bened.
	De Passione.	Viol.	Propria votiva.	Omitt.		Omitt.	De Cruce.	Bened.
Sabbato.	De B. Maria Virg. pro Temp. diversitate	Alb.	Propria votiva.	Dic. in Sabb. tant.	2.ª or. off. curr. 3.ª de Sp. S. quæ omitt. si occurrat com. alicujus Vig. vel Fer. major. vel Simpl. In Sabb. quando de ea fit off. 2.ª or. de Spir. S. 3.ª Eccl. vel pro Papa.	Omitt.	Propr. *et te in veneratione.*	Ite Missa est in Sabbato tantum

ANNOTATIONES

quæ spectant ad Missas Votivas secundi generis.

1. Hoc loco adjiciendum occurrit quod quamvis istæ octo Missæ in hac II Sectione descriptæ, quas nos secundi generis appellamus, asignentur, prima de Trinitate pro fer. II, secunda de Angelis pro fer. III, etc. nihilominus pro sacerdotis celebrantis devotione, quacumque die dici possunt per hebdomadam, dummodo festum duplex non occurrat etc. Verum si cantentur in diebus à Rubrica assignatis, possunt suffragari pro Missa conventuali.

2. Adnotandum tamen est, quod fer. II pro Missa convent. potest etiam dici Missa pro defunctis, ut in quotidianis defunctorum cum tribus orationibus ac sine sequentia, loco Missæ vot. sanctis. Trinitatis, ut habetur in Rubr. Missalis.

3. Quando in Miss. vot. fit aliqua commemoratio pro defunctis semper ponitur penultimo loco. Rubr. Missal. §. 7. n. 6.

4. Pro gratiarum actione dicitur Missa de SS. Trinitate vel de Spiritu S. vel de B. M. V. pro temporis diversitate: et in his Missis 2. or. erit offi. curr. 3. de Gratiar. actione *Deus cujus Misericordiæ*, etc. quæ habetur in Missal. inmediate post Miss. SS. Trinit.

5. Si, quando de S. Maria in Sabbato factum est offic. loco alicujus ex asignatis orationibus facienda esset aliqua commemoratio, quæ poni debet 2.º loco, tunc 3.ª oratio diceretur de Spiritu S., aliis, nempe Eccles. vel pro Papa, omissis.

6. Utrum ex præscripto fundatorum et institutione eorumdem possit dici Missa votiva de Assumptione, Purificat. Concept. B. Mariæ Virginis in Sabbatis vel aliis feriis per annum non impeditis festo duplici? Responsum fuit: non sunt violandæ Rubricæ imperitorum laicorum causa, et ideo petentibus Missam votivam de Assumptione, Annunt. Concept. etc. fiet satis celebrando unam ex Missis votivis B. M. juxta temporis occurrentiam. S. R. C. 29 Jan. 1752.

7. Si verò exigatur Missa votiva de Septem doloribus B. M. V. posset dici illa quæ nunc habetur in Missali Rom. mut. orat. *Deus in cujus Passione*, cum orat. *Interveniat pro nobis* etc. et omittendo Sequent. Item dicendum est de Missis vot. SS. Rosarii et B.

M. V. de Monte Carmelo, mutato in hac secunda Introit. cum vot. de tempore, et servatis servandis pro solitis ritibus Missæ votivæ.

8. Extat tandem alia Missa votiva privata de B. M. V. potissimi privilegii quæ cum indulto apostolico à cæcutientibus Sacerdotibus, seu tenuitate visus laborantibus recitatur, quæque singulis anni diebus, nemine excepto dici potest. S. R. C. 20 Sept. 1806.

9. Quoad cœcutientes Sacerdotes, de quibus supra, dicenda est ab eis Missa de B. V. votiva asignata secundum tempus, et in hac 2.ª oratio erit semper de Spir. Sancto et 3.ª Ecclesiæ vel pro Papa sine *Gloria* et sine *Credo* etiam in majoribus solemnitatibus, et in fine, *Benedicamus Domino.*

10. Cum verò hujusmodi Sacerdotes devenerint ad omnimodam cæcitatem, tunc pro celebrando indigent novo indulto à S. Congregatione Concilii, ut per Decret. S. R. C. 16 Martii 1805 *in Oriolensi:* quo obtento, tunc dicere semper possunt Missam, quæ assignata est à Pentecost. usque ad Adventum. S. R. C. 12 April. 1823. Color in istis Missis vot. de B. M. V. erit etiam semper albus.

TERTIA SECTIO EXEMPLARIS
pro Missis Votivis privatis tertii generis.

VOTIVA PRIVATA.	COLOR	MISSA.	GLORIA	ORATIONES.	CREDO.	PRÆFA-TIO.	BENED. DÑO.
Pro eligendo Summo Pontifice sede vacante.	Rub.	De Spir. S. vel Pro elig. S. Pontif.	Omitt.	Ut in I Sect. ad sign. ✠	Omittitur.	Propr. de Sp. Sancto	Bened.
In die creat. vel coronat. Papæ ejusdem. anivers.	Alb.	Ut in Cath. S. Petri 18 Jan.	Omitt.	1.ª or. *Deus omnium fidelium Pastor* etc. rel. ut in I Sect. ad sign. ✠	Dicitur.	De Apostolis.	Bened.
In Anniv. Elect. seu consecrationis Episcopi Diœcesani.	Alb.	Propria *Sacerdotes* etc.	Omitt.	1.ª or. propr., in ea autem nominatur Episc. et Civitas, quia Ecclesia sine additam. significat Eccles. universal. Reliq. ut ad sign. ✠ I Sect.	Dicitur.	Comm. vel de Tempore.	Bened.
Ad tollend. Schisma	Viol.	Propr.	Omitt.	Ut in 1 Sect. ad sign. ✠	Omitt.	Comm.	Bened.
Pro quacumque necessitate.	Viol.	Propr.	Omitt.	Ut in 1 Sect. ad sign. ✠	Omitt.	Comm.	Bened.
Pro remissione peccatorum.	Viol.	Propr.	Omitt.	Ut in 1 Sect. ad sign. ✠	Omitt.	Comm.	Bened.
Ad postul. gratiam bene moriendi.	Viol.	Propr	Omitt.	Ut in 1 Sect. ad sign. ✠	Omitt.	Comm.	Bened.
Contra paganos.	Viol.	Propr.	Omitt.	Ut in 1 Sect. ad sign. ✠	Omitt.	Comm.	Bened.
Tempore belli.	Viol.	Propr.	Omitt.	Ut in 1 Sect. ad sign. ✠	Omitt.	Comm.	Bened.
Pro pace.	Viol.	Propr.	Omitt.	Ut in 1 Sect. ad sign. ✠	Omitt.	Comm.	Bened.
Pro vitanda mortalitate.	Viol.	Propr.	Omitt.	Ut in 1 Sect. ad sign. ✠	Omitt.	Comm.	Bened.
Pro infirmis.	Viol.	Propr.	Omitt.	Ut in 1 Sect. ad sign. ✠	Omitt.	Comm.	Bened.
Pro peregrinant. vel iter agentibus.	Viol.	Propr.	Omitt.	Ut in 1 Sect. ad sign. ✠	Omitt.	Comm.	Bened.

ANNOTATIONES

ad Missas Votivas tertii generis spectantes.

———✳———

1. Prima et secunda Missa tertii generis, quæ sunt una de Electione, altera pro Consecratione et Coronatione Summi Pontificis, prima vice tantum solemniter possunt celebrari etiam iu Dominica, seu festo duplici cum *Gloria*, unica oratione, *Credo* ac *Ite Missa est*, more Missæ vot. solemnis.

2. Item in Anniversaria die tam creationis et coronat. S. Pont. quam electionis et consecrationis Episcopi diœcesani, in dupl. min. facienda est in Missæ priv. commemoratio Papæ vel Episcopi post alias comm. de præcepto: et post Nonam celebranda est Missa solemnis cum *Gloria*, unica oratione, *Credo* ac *Ite Missa est*. S. R. C. 17 Sept. 1785.

3. In reliquis verò diebus celebratur Missa solemnis de festo cum paramentis eidem convenientibus, et cum commemorat. Papæ vel Episcopi, ut in eorum Missis hujus III section. adnotavimus, post omnes orationes illa die præscriptas. Verum in festo dupl. 1. classis dicitur sub unica conclusione cum oratione festi: quæ commemoratio, eo modo, de quo supra locuti sumus, facienda erit etiam in Missis de Festo privatis.

4. Denique decem Missæ, quæ remanent dicti tertii generis, et aliæ Missæ votivæ primi et secundi generis, omnibus diebus dici possunt, exceptis iis, in quibus Missæ votivæ privatæ prohibentur. Magis tamen convenire videntur Missæ votivæ iis diebus infra hebdomadam per annum habentibus officium feriale (exceptis Feriis Adventus, Quadragessimæ, Quatuor Temporum, Rogationum et Vigiliarum) dummodo non sit resumenda Missa Dominicæ impeditæ, vel anticipanda aliqua Dominica, cujus sedes ab aliquo Festo vel Dominica majori occupetur. Verum advertimus cum Gavanto, absolutè loquendo, etiam in prædictis diebus, in quibus resumitur Missa Dominicæ, posse dici Missam votivam. Solum igitur in illis feriis in quibus resumitur Missa Dominicæ non potest cantari Missa votiva ex illis octo quæ sunt secundi generis, correspondens tali feriæ, quæ suffragetur

pro Missa Conventuali: quia in dicto casu Missa Conventualis debet esse de illa Dominica, quæ fuit impedita.

5. Quando occasione Belli contra Turcas dicitur Collecta vel Missa contra Paganos, non potest mutari nomen *Paganorum*, dicendo *Turcarum*, vel *Hereticorum*. S. R. C. 30 Julii 1689.

6. Si forte exigatur Missa votiva ob aliquam peculiarem causam vel etiam publicam, pro qua in Missali non habeatur Missa propria, ex. gr. ad petendam pluviam, vel postulandam serenitatem, tunc dicenda est ea, quæ in hac III sectione quintum obtinet locum, videlicet *Pro quacumque necesitate*, cum 1.ª oratione propria ejusdem Missæ votivæ, et reliquis ut ad signum ✠ 1. sectionis. Quod si placuerit sacerdoti celebranti addere etiam Collectam ad petendam pluviam vel serenitatem etc. tunc dici poterit 4.º loco, nempe post omnes orationes in hac Missa præscripta.

7. Quæ vero Missæ votivæ sunt dicendæ pro diversis rebus et quæ spectant ad Tertium Missarum Genus, describuntur satis in Missali, ideoque nullum verbum facimus; hoc tantum adjicimus, quod cum Missa celebratur pro uno infirmo, orationes dicuntur in numero singulari: et pro infirmo, qui proximus est morti, dicuntur quæ possitæ sunt in fine ejusdem Missæ.

8. Diebus quibus dici possunt Missæ votivæ privatæ vel defunctorum, sacerdos ad illas obligatus ratione fundatione, vel accepti manualis stipendii propriæ obligationi non satisfacit dicendo Missam de die occurrente: expresa enim voluntas testatorum vel postulantium, dummodo sit rationabilis, debet adimpleri. S. R. C. 3 Martii 1761.

9. Sacerdotes sive Sæculares sive Regulares celebrantes in alienis Ecclesiis in quibus peragitur festum cum solemnitate et concursu Populi, debent celebrare Missam conformando se ritui et colori earumdem Ecclesiarum: in aliis verò diebus possunt se uniformare, sed non tenentur nisi quando color fuerit dissimilis. Si tamen in Ecclesia, in qua celebrant, non prohibentur Missæ privatæ defunctorum, tunc non tenentur se uniformare neque quo ad ritum, neque quo ad colorem. S. R. C. 11 Junii 1701 et 7 maji 1746.

10. An Sacerdos habens officium ritus duplicis, sed celebrans in Ecclesia, in qua fit officium de semiduplici, possit dicere Missam votivam? S. R. C. declaravit *Negative*. Die 7 Septemb. 1816.

QUARTA SECTIO EXEMPLARIS

Missarum quæ pro Sponsis celebrantur.

VOTIVA VEL DE FESTO.		COLOR	MISSA.	GLORIA	ORATIONES.	CREDO.	PRÆFATIO.	BENED. VEL ITE &c.
In Dupl. min. et majori, ac semidupl.	Votiva pro Sponsis.	Alb.	Propria.	Omittitur.	Ut in I Sect. ad sign. ✠ nam à S. R. C. die 3 mart. 1818 declaratum fuit: *Missam pro Sponsis esse vot. privatam, proindeque semper legendam cum tribus orationibus.*	Omitt.	Quæ not. in Calendario.	Bened.
In festo Dupl. 1. et 2. class.	De Festo.	Ut nota in Calendario	Quæ not. in Calendario.	Dicitur.	2.ᵃ or. pro Sponsis. At si illa die in Calend. not. aliæ commem. faciendæ sunt post. or. festi, et ult. loco or. pro Sponsis.	Dicit. si notatur in Calend.	Quæ not. in Calendario.	Ite Missa est.
In Dominicis et Fest. de Præcepto.	Quæ not. in Calendario.	Ut not. in calend.	Propria vel de communi.	Dicit. si not. in Calendario.	Quæ not. in Calend. et 1. loco post alias de præcepto facienda est commem. pro Sponsis ut declaravit S. R. C. die 20 aprilis 1822.	Ut in Calen.	Quæ not. in Calendario.	Ite Mis. si dicitur Gloria, alias Bened.
Inf. Oct. Epiph.	De Oct.	Alb.	Propria ut in die.	Dicit.	4.ᵃ or. huj. Missæ 2 et 3 ut not. in Cal. 4 pro Sponsis.	Dicitur.	Epiph.	Ite Missa est.
In Vigil. Pentec.	De Vigilia.	Rub.	Propr. de hac die.	Dicit.	1.ᵃ or. huj. Missæ 2 pro Sponsis sub unic. conclus.	Omitt.	De Spi. Sancto	Ite Missa est.
Inf. oct. Pentec.	De Oct.	Rub.	Propr. de hac die.	Dicit.	1.ᵃ or. huj. Missæ 2 quæ not. in Cal. 3 pro Sponsis.	Dicitur.	De Spi. Sancto	Ite Missa est
In die oct. Corp. Christi.	De Oct.	Alb.	Propr. ut in die.	Dicit.	1.ᵃ or. huj. Missæ 2 pro Sponsis nisi prius adsint aliæ commem.	Dicitur.	De Nativit.	Ite Missa est.

ANNOTATIONES

ad Missas, quæ pro Sponsis celebrantur spectantes.

1. Dies in quibus Missæ votivæ pro Sponsis prohibentur sunt sequentes: — In diebus Dominicis et Festivis de præcepto. — In Duplic. primæ et secundæ classis. — Infra octavam Epiphaniæ. —In vigilia et per oct. Pentecostes. — Infra oct. Corporis Christi, dummodo sit privilegiata ad instar oct. Epiphaniæ; secus enim in die oct. tantum.

2. In suprascriptis diebus omittitur Missa vot. pro Sponsis, et ejus loco dicitur Missa officii currentis, cum commemoratione pro Sponsis 1.° loco post alias de præcepto.

3. Missa propria vot. pro Sponsis non est celebranda ad líbitum Sacerdotis, sicut aliæ Missæ vot. privatæ, sed tantum quando Nuptiæ sunt benedicendæ.

4. «In Missis votivis pro Sponsis Præfatio semper dicitur quæ in calendario occurrit, si excipiatur quæ sit propria de Festo quod non habet octavam, tunc enim Præfatio communis discenda est. »

5. Commemoratio Missæ pro Sponso et Sponsa in omnibus Missis de Duplici 1. vel 2. classis, dici debet non sub unica conclusione cum oratione Festi, sed sub altera conclusione. S. R. C. 20 April. 1822.

6. Octava privilegiata ad instar octavæ Epiphaniæ admittit tantum Duplicia 1. classis occurrent, non autem Dupl. 2. classis. Igitur cum octava SS. Corporis Christi ex indulta Pii VI sit in Hispania privilegiata, et excludit Dupl. 2. classis, sequitur quod in ea minime licet celebrare Missam propriam vot. pro Sponsis.

7. Si mulier sit vidua, non solum omitti debet Missa propria pro Sponsis, verum etiam Nuptialis Benedictio, etiam si vir nunquam nupserit: si vero nupserit vir, et virginem ducat poterunt et hæc Missa celebrari, et Nuptiæ benedici. = Rit. Rom. Pauli V.

8. Tam in Missa vot. pro Sponsis, quam in illa de festo, vel de octava etc. quæ cum commemoratione pro Sponsis celebratur, dicto *Pater noster*, Sacerdos antequam dicat *Libera nos*

quæsumus Domine, stans in cornu Epistolæ versus Sponsum et Sponsam ante altare genuflexos dicat super eos duas orationes in Missa pro sponsis positas.

9. Similiter dicto *Benedicamus Dño.,* vel, si Missæ diei illius conveniat, *Ite Missa est,* Sacerdos antequam populo benedicat, conversus ad Sponsum et Sponsam dicat, *Deus Abraham* etc. ut in fine ejusdem Missæ. Postea, præmisso sermone, eos aspergat aqua benedicta, et dicto: *Placeat tibi Sancta Trinitas,* det Benedictionem, et legat Evangelium S. Joann. *In principio* etc., si celeb. Missa vot. pro Sponsis, vel aliud quod notetur in Calend. si dicat Missam de Festo.

10. Postremo meminerint Parrochi *á Dom.* 1. *Advent. usque ad diem Epiphaniæ, et á Feria IV Cinerum usque ad octav. Paschæ inclus.* solemnitates Nuptiarum prohibitas esse: ut Nuptias benedicere, sponsam traducere, Nuptialia celebrare convivia. Matrimonium autem omni tempore contrahi potest. == Rit. Rom. de Sacr. Matrim.

QUINTA SECTIO EXEMPLARIS

pro Missis Votivis solemnibus de Festo quod transferri debet.

VOTIVA SOLEMNIS.	COLOR	MISSA.	GLORIA	ORATIONES.	CREDO.	PRÆFATIO.	ITE MISSA
Conceptionis B. M. V. in Dom. II Advent. ob concurs. populi.	Albus	Propr. ut die 8 decembris (in Hisp.)	Dicit.	Unica oratio ut in eadem Missa.	Dicit.	Propr. B. M. V. *Et te in Conceptione Immaculata.*	Ite Missa est.
S. Luciæ V. et M. in Dom. III Adv.	Rub.	*Dilexisti* etc. ut ejus die 13 Dec.	Dicit.	Unic. oratio ut in eodem missali loc. cit.	Dicit.	B. M. V. *Et te in Conceptione immaculata.*	Ite Missa est.
S. Valentini M. in Dom. Sexagesimæ.	Rub.	*In virtute tua* de com. un. Mart.	Dicit.	Orat. secret. et Postcom. ut die 14 februarii.	Dicit.	De Trinitate.	Ite Missa est.
Annuntiationis B. M. V. in Dom. Passionis.	Albus	Propr. ut in die 25 Mart	Dicit.	Unica oratio propr.	Dicit.	Propr. B. M. V. *Et te in Annuntiatione.*	Ite Missa est.
S. Marci Evangel. infr. Oct. Pasch. post Fer. 3.	Rub.	Propr. ut 25 April.	Dicit.	Unica oratio propr.	Dicit.	De Apost. communic. vero et *Hanc igitur* de Pasch.	Ite Missa est sine Alleluja.
S. Antonii Patav. C. infra oct. Pentecostes.	Alb.	Propr. ut 13 Junii.	Dicit.	Unica oratio propr.	Dicit.	Præf. Communic. et *Hanc igitur* de Pent.	Ite Missa est.
Dedic. propr. Eccles. infra octav. Pentecost.	Alb.	*Terribilis* de com. Dedic. Eccles.	Dicit.	Unica oratio ut in eadem Missa.	Dicit.	Præf. Communic. et *Hanc igitur* de Pentecost.	Ite Missa est.
S. Rochi conf. 16 Aug. in Dom. inf. oct. Assumptionis B. M. V.	Alb.	De comm conf. non Pontif.	Dicit.	Unica oratio de eod. com.	Dicit.	B. M. V. *Et te in Assumpt.*	Ite Missa est.
SS. Rosarii B. M. V. si occurrat in Fest. D. 1 vel 2. cl. aut in oct. Tit. vel Dedic. Eccl.	Alb.	Propria.	Dicit.	Unica oratio propr.	Dicit.	B. M. V. *Et te in solemnitate.*	Ite Missa est.
S. Isidori Agricolæ 15 Maji.	Alb.	Propria, (In Hisp.)	Dicit.	Unica oratio propr.	Dicit.	Quæ dicenda sit pro occurrentia (vide ann. huj. V Sect. n.° 4.)	Ite Missa est.
S. Emygdii Ep. et M. 5 Aug. celebr. pro voto adimpl.	Rub.	De comm un. Mart. Pont.	Dicit.	Unica oratio de eod. com.	Dicit.	Quæ dicenda sit ut supra.	Ite Missa est.

ANNOTATIONES
ad Missas Votivas solemnes de Festo quod transferri debet, spectantes.

———✳———

1. Dies in quibus prohibentur Missæ vot. solemnes, de Festo quod transferri debet etiamsi Titularis sit vel concursus Populi ad illud celebrandum sunt sequentes:—In Dom. 1.ª Adventus. —In Fer. IV Cinerum.—In Dom. I Quadragessimæ.—In Dom. Palmarum cum tota majori Hebdomada.—In Dom. Resurrectionis cum duob. diebus sequentibus.—In Dom. Pentecostes cum duobus diebus sequentibus.—In diebus Nativitatis Domini, Epiphaniæ, Ascensionis, et Festo SS. Corporis Christi.

2. Missa vot. solemnis de Festo, quod transferri debet, in iis Ecclesiis cantari potest (tantum in die propria) ubi est Titulus Ecclesiæ, vel concursus Populi ad celebrandum Festum. In hac Missa dicitur *Gloria*, unica oratio, *Credo*, et in fine semper legitur Evangelium S. Joannis *In principio* etc. Si Festum habeat Præfationem propriam, ea dicitur; sin minus, dicitur quæ notatur in Calendario, dummodo hæc non sit de Festo non habente Octavam. Verum si ratione Dominicæ foret dicenda Præfatio de SS. Trinitate, hæc dicitur etiamsi tali die alia Præfatio in Calendario notetur, quæ tamen non sit de Festo cum Octava celebrando. Idem servandum est in Missis votivis solemnibus pro *Re gravi* vel *pro publica Ecclesiæ causa*, in quibus dicitur *Gloria* et *Credo*, nisi adhibeatur color violaceus; sed in Dominica semper dicitur Credo. Rubr. Missal. in fine.

3. In his Missis idem adhibetur color, ac in die eorumdem Festorum vel Sanctorum.

4. Missæ votivæ solemnes, ut supra loquuti sumus, cantari possunt tantum in die propria, et ratione tit. Ecclesiæ vel Festi alicujus solemnis cum magno concursu populi: his enim duobus casibus exceptis, prohibentur omnino.

5. Dies proprii vel dies Natalitii, ii omnes habendi sunt, qui licet vere non sint dies obitus, tamen ex Decreto apostolico pro universali Ecclesia, vel pro aliquo tantum Regno aut Diœcesi assignati sunt Festivitati alicujus Sancti velut fixi, et veluti

propria eorum sedes. S. R. C. 28 Nov. 1682. Hinc clare patet quod ab Ecclesia Universali ii non sunt habendi tamquam proprii dies, qui ex Decreto apostolico assignati sunt festivitati alicujus Sancti pro aliqua tantum particulari Ecclesia, vel etiam Regno; tunc enim dies proprii solummodo considerandi sunt dies obitus.

6. Missa votiva solemnis, ubi est concursus populi, decantari potest etiam de alio quocumque Sancto licet de eo ab Ecclesia Universali fiat officium sub ritu simplici, uti habemus de S. Valentino Præsbytero et Martyre, et licet nullum de eo fiat officium, uti habemus de S. Emygdio Ep. et mart.

7. Insuper eo die tantum (et non in sequenti Dominica quod male nonnulli faciunt) quo aliquis Sanctus obiit (dies vero Sanctorum obitus ille est qui in Martyrologio Romano describitur, et non alius, ut supra docuimus qui pro lubito tanquam proprius in aliquo Missali asignatur) etiamsi de eo non recitetur officium, neque fiat commemoratio, ubi est concursus Populi fiducialiter per illius intercessionem aliquod spirituale vel etiam temporale bonum supplicantis, cantari potest ejus Missa votiva solemnis. Cujus rei duo exempla præbuimus in hac V Sectione, nempe in Sanctis Rocho, et Emygdio, quorum primo efficax potentia contra epidemicum morbum tribuitur, facultas alteri compescendi terremotus.

8. Missa propria, quæ pro aliquibus Ecclesiis in honorem alicujus Sancti concessa fuit à S. R. C., cantari non potest in ea Ecclesia quæ tali privilegio non gaudet; at ejus loco cantari debet Missa de communi; idem dicendum est de orationibus.

9. Symbolum in Missa solemni potest decantari in illa Ecclesia ubi est altare erectum sub invocatione alicujus Sancti, ratione concursus ad præscriptum rubricarum, licet de eo fiat officium sub ritu semiduplici. S. R. C. 1 April. 1661.

10. In Missa quæ canitur in Dom. Passionis de Annuntiatione B. V. M. ubi Titulus est Ecclesiæ, vel concursus Populi, attamen Missa votiva solemnis, ad verba Symboli *Et incarnatus est,* celebrans et ministri, si sedeant, genuflect. in infimo gradu Altaris à parte Epistolæ, si verò stent, in suppedanco.

11. Sicut in quacumque Missa vot. solemni tam de Festo quod transferri debet, quam pro *re gravi* vel *publica Ecclesiæ causa* quæ dicitur infr. oct. Pasch. non debet dici *Ite Missa est,* cum duplici *Alleluja;* ita in eadem Missa vot. neque dici debet Graduale (cum sit proprius ritus Paschalis) sed tantum duo *Alleluja* etc.—Merati p. 4. t. 11 n. 6.

12. Missæ votivæ tam solemnes quam privatæ dici possunt

de quocumque Sancto, de cujus Canonizatione, vel ex Martyrologio Romano, vel alias constat: sive quia Patronus est loci, vel Ecclesiæ, vel ordinis sive quia habentur reliquiæ notabiles, sive quia ipsius ope atque intercessione sanitas aliave beneficia tam spiritualia quam corporalia à Deo impetrantur: sive quia particulari devotioue erga ipsum aliquis afficiatur. Ex quo infertur, hoc nomine non venire Sanctos toleratos tantum, hoc est illos de quorum Canonizatione nec ex Martyrologio nec alias constat; sed solummodo vel ob miracula patrata, vel aliunde ab hominibus, sciente et non contradicente Ecclesia, Sancti appellantur, et coluntur privato, non veró publico et universali cultu ab Ecclesia concesso. Diximus autem de Sancto Canonizato, nam Beatificato dumtaxat nulla publici cultus pars potest jure tribui nisi quæ nominatim et expresse conceditur à Pontifice Romano in Brevi Beatificationis. Ita Guyetus lib. 4. c. 21. q. 2. et Merati p. 1. t. 4. §. 3. n. 15.

13. Hic tandem adjicere lubet, quod in V et VI Sectionis dispositione non fuit mentis nostræ præscribere quot, et quales Missæ in uno et altero casu solummodo sint dicendæ; sed tantum aliqua præbere exempla ad omnia dubia, quæ interdum accidere possent, discutienda.

SEXTA SECTIO EXEMPLARIS

pro Missis Votivis solemnibus pro Re gravi.

VOTIVA SOLEMNIS.	COLOR	MISSA.	GLORIA	ORATIONES.	CREDO.	PRÆFATIO.		ITE &C. VEL BENED.
Pro gratiarum actione infra Oct. Nativit. Domini.	Alb. Rub. Alb.	De Sma. Trinitate De Spir. S. vel De B. M. V.	Dicit.	I or. Missæ vot. alt. vero sub unic. concl. pro gratiar. actione. S. R. C. 27 martii 1779.	Dicitur	De Trinit. De Spir. S. De B. V.	Communic. de Nativitate	Ite Missa est.
Tempore Belli in Dom. II Quadragessimæ.	Viol.	Propria.	Omitt.	Unic. or. prop. huj. Missæ votivæ.	Dicitur ratione Dominicæ.	Quadragessimæ.		Bened. Dño.
Temp. Pestilentiæ infra oct. Paschæ.	Viol.	Propria.	Omitt.	Unic. or. prop huj. Missæ votivæ.	Omitt.	Præf. commun. et Hanc igitur Paschæ.		Bened.
Pro Rege infirmo. in Fest. Exaltationis S. Crucis.	Viol.	Propria.	Omitt.	Unic. orat. in numero singulari.	Omitt.	Præf. de Temp. non de cruce quia de Festo non habente octavam.		Bened.
Temp. Terremotus. { Pro quacum. necessit. vel Sti. Emygdii.	Viol. Rub.	Propr. de quacum. necessit. De comun. m. Pont.	Omitt. Dicit.	Unic. or. ut in eadem Missa Unic. orat. de comm.	Omitt. Dicitur	Videant. Annotationes V sectionis N. 2.		Bened. Ite Mis.
De SS. Sacramento Altaris.	Alb.	Propria vot.	Dicit.	Unic. orat.	Dicitur	De Nativitate Dñi		Ite Mis.
De B. M. V. pro temp. divers.	Alb.	Propria vot.	Dicit.	Unic. orat.	Dicitur	Propr. *Et te in venerat.*		Ite Mis.
De Sancto Patrono loci vel Ecclesiæ.	Alb. vel Rub.	Propria vel commun	Dicit.	Unic. or. prop. vel communis.	Dicitur	Præf. de Temp.		Ite Mis.

ANNOTATIONES

quæ spectant ad Missas Votivas solemnes pro Re gravi, vel publica Ecclesiæ causa.

—··»·o✳o·⋘··—

1. Dies in quibus prohibentur Missæ vot. solemnes pro *re gravi*, vel publica Ecclesiæ causa sunt sequentes: In Duplicibus primæ classis.—In Dominicis privilegiatis primæ classis.—In Fer. IV Cinerum.—In tota majori Hebdomada.—In Vigiliis Pentecostes et Nativitatis Domini.

2. Res gravis vel publica Ecclesiæ causa pro licíta Missæ votivæ solemnis decantatione, ea est, pro qua totus clerus, cum Episcopo (ubi reperitur) convenire solet, quales sunt: si votum pro malo gravi avertendo factum sit exolvendum: aut gratiæ pro accepto aliquo magno beneficio solemniter sunt agendæ; aut cum præcatio 40 Horarum instituta sit: item si pro acquirendo gravi, vel publico beneficio, vel avertendo malo quod rationabiliter timeatur supplicetur. Ex quibus colligitur, non quamlibet causam gravem vel publicam sufficere ad hoc ut Missa votiva solemnis cum *Gloria* et *Credo*, dici possit; sed eam quæ concernit vel per se, vel per accidens notabiliter communitatem, vel saltem notabilem ejus partem. Item nobilem et præcipuam quamdam familiam, ex cujus conservatione communitati publicæ multum utilitatis accidere potest. Item ex conservatione personæ Regis, Principis, aut etiam Filii unici familiæ illustris; quia ejusmodi casus concernuunt totam communitatem Ita Metatus p. 1. t. 4. §. 11. n. 52.

3. In Missa votiva, quæ cantatur pro *re gravi* vel publica Ecclesiæ causa, debet ille color adhiberi, quo utimur in Festo cujus Missa celebratur; et quando adhibetur color violaceus, Ministri, etiam tempore Adventus et Quadragessimæ induunt Dalmaticas et Tunic. Organum vero et musicorum cantus adhiberi non licet nisi quando occurrit celebrare solemniter et cum lætitia pro aliqua *Re gravi*.—Cærem. Episcopor. lib. 1. c. 28. n. 2. —Ita ex eodem cærem. loc. cit. habemus, quod quamvis ad Missas, quæ cantantur in Dom. III Adv. et IV Quadragessimæ pulsetur organum, attamen pulsari non debet ad vesperas earumdem Dominicarum.

4. Oratio præcepta à superiore, si sit pro *Re gravi* dicenda erit in Dupl. 1 cl. sub unica conclusione, et in Dupl. 2. cl. sub suà conclusione: si non sit pro *re gravi* omittenda est in Dupl. 1 clas., in Dupl. vero. 2 clas. arbitrio sacerdotis. S. R. C. 7 sept. 1816. Quod si oratio de qua supra, sit pro *re gravi* dicenda erit sub unica conclusione etiam in Dom. Palmar. et in Vig. Pent. et Nat. Domini; secus autem omittenda.

5. In expositione SS. Sacramenti pro initio 40 Horarum, quæ non fit pro *Re gravi* etc. sed tantum devotionis causa et ratione fundationis, quando occurrit Fest. aut Dom. 1 vel 2 cl. ac singuli dies infra. Octav. Epiph. Pasch. et Pentec. cantatur Missa conveniens officii diei illius cum commemoratione SS. Sacramenti sub unica conclusione cum prima oratione, ut servetur orationis unitas quam esposcunt solemnes Missæ, quæ pro *re gravi* celebrantur, et hæc regula servanda est etiam reliquis diebus, qui sub número 1.º huj. sect. descripti sunt. Missæ verò privatæ, diebus qui juxta generales Rubricas Missas vot. privatas excludunt, dicantur de Festo de quo factum est officium, cum comm. SS. Sacramenti, post omnes de præcepto, etiam post illam ad libitum, sed ante alias imperatas vel ex devotione. In Missis tamen privatis Festi 1 vel 2 cl. non est facienda comm. de SS. Sacramento juxta decreta S. R. C. 2 dec. 1684, et 2 sept. 1741. Adde: etiam in Missis privatis Dom. Palmarum, et Vigiliar. Pentec. et Nativ. Dñi. eo quod tales Missæ donatæ sunt privilegio unicæ orationis.

6. Missa de Dom. seu de Festo Dupl. si illa die occurrat debet dici cum comm. SS. Sacramenti, non sub unica conclus. sed post omnes alias ordinarias collectas de præcepto, quando fit particularis Processio cum SS. Sacramento in aliquibus Dominicis, seu aliis diebus cujuslibet mensis. S. R. C. 6 decemb. 1653.

7. An commemor. SS. Sacramenti in Missa solemni in Dom. III cujuslibet mensis pro expositione sit facienda, etiamsi non sequatur Processio? S. R. C. Respondit. *Faciendam esse dictam commemorationem, licet accidentaliter omittatur Processio*. S. R. C. 15 maji 1819.

8. Sacerdos celebrans in Missa solemni non debet dicere *Ite Missa est*, sed *Benedicamus Domino* et *Requiescat in pace*, etiamsi dicantur à Diacono. S. R. C. 7 sept. 1816.

SEPTIMA SECTIO EXEMPLARIS

pro Missis votivis tam solemnibus quam privatis Defunctorum.

VOTIVA SOLEMNIS VEL PRIVATA.	COLO.	MISSA.		ORATIONES.	SEQUEN-TIA.	PRÆ-FATIO.	REQUIESC. IN PACE.
Solemnis et privat. in die Commemorat. omnium Defunctorum in Regnis Hispaniæ.	Niger	Dicunt. tres Missæ.	Pro I. Mis. prima in ordine.	Fidelium Deus omnium.	Dicitur.	Com.	Dicit.
			Pro II. ter. in ord.	Propria ut in Libello Missar. Def. pro Regn. Hisp. impress.	Dicitur.	Com.	Dicit.
			Pro III. Quotidiana.	Prop. ut in Libel. Mis. Def. pro Regn. Hisp. impress.	Dicitur.	Com.	Dicit.
Solemn. in die obitus Summi Pontificis, Cardinalis, Episcopi, et Sacerdotis.	Niger	Prima in ordine.		Pro Summo Pont. *Deus qui inter Summos Sacerdot.* Pro Card. si fuerit Episc. *Deus qui inter Apostolicos.... Episc. Cardin.*; si Præsb. *Præsbiter Cardin.* si Diac. *Inclina... Diaconi Card.* Pro Episc. vero, et Sacerd. un. or. ut in Missal. pro ipsis assignata.	Dicit. in die Depo sit. Def. et semp. ac in Missa dicit. una tant. orat. in aliis ad lib. Sac.	Semp. legitur communis	Dicitur semper in num. plurali. licet pro uno dicatur Missa.
Solemn. in funerib. Imperat. Regum, Ducum, Principum.	Niger	Prim. in ordine		Unic. or. quæ pro laicis assignat. additis verbis, *Imperat. Regis, Ducis Principis,* etc.	Dicit.	Com.	Ut supra
Solemn. in die obit. aliorum.	Niger	Secunda in ordine.		Unic. or. ut in ead. Missa.	Dicit.	Com.	Ut supra
Solemn. pro Defunct. insepulto, sed non præsente in Ecclesia corpore.	Niger	Prim. vel secund. conven. dignit. et condit. personæ.		Unic. or. ut in d. obit. conv. dignit. et condit. Defuncti. si sit pro clerico licet in Sacris ordin. omitt. add. *Diaconi* vel *Subdiaconi.*	Dicit.	Com.	Ut supra
Solemn. in dieb. 3 7, et 30. Defunct., qui computandi sunt vel a die obit. vel à die Deposition. juxt. consuet. propriæ Ecclesiæ.	Niger	Secunda in ordine.		Unic. or. *Quæsumus .... N. cuj. Deposit. diem 3.* si fuerit 3. *Septimum,* si 7, vel *trigessimum, commemoramus,* si fuerit. 30.	Dicit.	Com.	Ut supra
Solemn. in anniv. computand. à die obit.: sic ex pluribus S. R. C. Decretis.	Niger	Tertia in ordine.		Unic. or. ut in ead. Mis. At si pro uno fiat annivers. dicitur in numero singulari.	Dicit.	Com.	Ut supra
Solemniter quandocumque pro Defunct. celebr., quæ cantari non potest cum Missæ privat. prohibentur.	Niger	Quarta in ordine.		Unic or. conveniens dignitati et condit. personæ vel personarum pro qua vel pro quibus solemniter Missa celebratur.	Dicit.	Com.	Ut supra
Privata in die obitus, 3, 7, et 30, ac Anniversaria Defunct.	Niger	Quæ not. supra pro Missa solemnis ejusd.		Unic. orat. et eadem debet esse quæ supra pro Missa solemn. præscribitur.	Dicit.	Com.	Ut supra
Privata *Quotidiana* pro uno vel pro pluribus Defunctis	Niger	Quarta in ordine.		Dicuntur 3. orat. quar. 1. conv. personæ in cujus suffrag. offert. sacrif. 2 ad lib. Sacerd. 3. semper *Fidelium Deus.*	Dicit. ad lib.	Com.	Ut supra

ANNOTATIONES
ad Missas tam solemnes quam privatæ Defunctor. spectantes.

INDEX DIERUM

in quibus Missæ Deffunctor. tam solemn. quam privatæ prohibentur.

1. §. I. Prohibentur etiam præsente corpore.—In omnibus Dupl. 1. cl. Festiv. de præcepto, excep. Feria 2.ª et 3.ª Pasch. et Pentec.—In Festo Dedicat. et Tituli propriæ Ecclesiæ.—In secundo triduo majoris Hebdomadæ.—Durante expositione SS. Sacramenti.

§. II. Prohibentur in diebus 3, 7, 30. et Anniv.—In Dupl. 1 et 2 classis.—In diebus Dominicis et Festivis de præcepto.—Infra. oct. Epiph. Paschat. Pentec. Corporis Christi, Nativit. Domini.—In Fer. IV. Cinerum et in tota majori Hebdomada.—In Vigil. Pentec. Nativ. Dñi. et durante expositione SS. Sacramenti.

§. III. Prohibentur insepulto sed non præsente cadavere.—In Dom. privileg. primæ classis.—In Duplicib. primæ cl.—In Fer. IV. Cinerum et in tot. maj. Hebd.—In Vigil. Pentec. et Nativ. Domini.—Durante expositione SS. Sacramenti.

§. IV. Prohibentur Missæ Privatæ etiam præsente corpore.—In dieb. Dominic. et in officio Duplici.—Infra octav. Epiph. Pasch. Pent. Nativit. Domini et earum Vigiliis.—Infra octav. Corporis Christi.—In Fer. IV. Cinerum et in tota majori Heddomada.—Durante expositione SS. Sacramenti.

2. Privilegium ter Sacrum faciendi in die commemorat. omnium fidelium defunctorum specialissimum est, et solum Regnis Hispaniæ et Lusitaniæ concessum per Benedictum XIV Summ. Pontificem, hac tamen conditione ut Sacerdotes omnes applicare debent tertiam pro animabus omnibus Purgatorii absquæ ulla stipendii acceptatione sub pœna suspensionis ipso facto incurrenda. Qui eo die tres Missas celebrant, vigore privilegii supradicti, debent dicere juxta ordinem præscriptum, scilicet in prima I.am in ordine, in secunda III.am in ordine quæ pro anniversariis assignatur: in tertia IV.am in ordine quæ assignatur pro Missis Quotidianis cum orationibus propriis. Qui duas celebrat, debet dicere primam et tertiam in ordine, qui autem unicam, primam in Missali positam.

3. Missa solemnis de *Requiem* corpore præsente dici potest diebus 1. cl. non Fest. de præcepto licet cum multo apparatu et pompa exteriori celebratis, dummodo non sint Titul. sicut etiam

diebus 1. cl. Festivis de præcepto in Ecclesia quæ talem non habent exteriorem solemnitatem. S. R. C. 9 April. 1808.

4. Diebus Dominicis et Festivis per annum de præcepto in iis locis ubi una tantum celebratur Missa, dum aliquis sepelitur, et Missa dicitur ante sepulturam, corpore præsente, non debet hæc Missa dici *de Requiem*, ut in die obitus, sed tamquam Missa Conventualis, cui populus assistit, debet cantari de die, et Missa *de Requiem* transferri ad primam diem non impeditam S. R. C. 26 Jan. 1793.

5. Insuper aliqua hora matutina celebrari potest una Missa cantata in die obitus pro nuper defuncto pridie ad vesperam ob aliquam rationabilem causam insepulto, dummodo non sit dupl. primæ vel secundæ class. aut Festivum de præcepto S. R. C. 7 Sep. 1816. Quod si contingat Sabbato post meridiem sepeliri cadaver, aut accipere nuntium, de quo infra dicemus, tunc Missa *de Requiem* cantari potest Fer. 2. sequenti etiam in Dupl. majori sed non Festivo de præcepto; non vero in reliquis diebus sub §. II. superius descriptis, ut declaravit S. R. C.

6. Cum primum accipitur nuntium de obitu in loco dissito alicujus potest cantari Missa *de Requiem*, ut in die obitus pro ejus anima in Festo duplici minori vel majori, non tamen de præcepto, ut citius suffragetur Animæ Defuncti, non relicta tamen Missa in cantu de Festo duplici quatenus adsit obligatio. S. R. C. 4 Maji 1686. Adde: cantari potest etiam in Vigilia Epiphaniæ; minime vero infra octavas privilegiatas. S. R. C. 27 Martii 1779.

7. Pro Ecclesiasticis in tertio, septimo trigessimo et Anniversario repetenda est Missa quæ dicta fuit in die depositionis cum eadem oratione, neque refert in ea non fieri mentionem de tertio, septimo trigessimo et Anniversario; nam eadem oratio pro Papa dicitur in obitu et in Anniversario, nulla facta in ea Anniversarii mentione. Extra prædictos dies Missæ dicuntur ut in Quotidianis defunctorum cum propriis orationibus. Gavant P. 4. t. 18. n. 8.

8. Hoc loco contra imperitos asserentes et docentes in diebus 3, 7, et 30, non posse cantari Missam *de Requiem*, cuando occurrit officium Duplex sive maj. sive etiam min. adjicere lubet duo hæc decreta S. R. C.: An diebus 3, 7 et 30, a depositione defuncti, in quibus occurrit offic. Dupl. per annum, non tamen Festiv. de præcepto, celebrari possint Offic. et Missa defunctorum? Rep. affirmativè. Die 23 Aug. 1766. Et: An liceat prædictam Missam celebrare, quoties dictis diebus 3, 7 et 30 et anniversaria ocurrat Festum Duplex? Eadem S. R. C. respondit: *Licere, exceptis Duplicibus primæ et secundæ classis, ac diebus Festivis de præcepto.* Die 2 Augusti 1783.

9. Si vero Anniversarium vel 30, vel 7, vel 3, dies incidat in diem Dominicum vel Festivum de præcepto, potest anticipari vel transferri in diem inmediatè sequentem; quod si caderet in Dom. Palmarum tunc transferenda esset ad Fer. II post Dom. in Albis, cum eadem solemnitate, id est cum Antiph. dupl. in officio, et non inmutata Missa ac prop. oratione.

10. At hic superaddendum est, quod si Anniversarium caderet in Dupl. 1. cl. non Festiv. de præcepto, anticipari, vel transferri non potest in diem inmediate antecedentem vel sequentem Festo Dupl. maj. vel minori impeditum: idem dicendum est si caderet in Dupl. 2. cl. etc. nam privilegium concessum fuit ratione solummodo Festi de præcepto. Præterea si dies antecedens, vel subsequens Fest. de præcepto fuerit Dupl. 1. vel 2. cl. non potest anticipari vel transferri in diem illis proximum, in quo occurrunt Officia de Dupl. maj. vel minor.; at in ambobus hisce casibus transferendum erit in diem ritus semidupl. Idem dicendum est de 3, 7, vel 30. Objicientibus vero in Dupl. min. et majori non posse celebrari Anniversaria nisi post primum annum, eo quod in aliquo vetustissimo cæremoniali talis adsit prohibitio, occurrit Guyetus l. 4. c. 23. q. 10. «Indicitur Officium pro defuncto speciatim in die ejus Anniversario, hoc est ipsomet die, quo is mortuus est post annum recurrente, nec tantum post primum annum sed etiam post alios consequentes.» Adjicimus insuper, nullam contra expositam doctrinam emanatum fuisse à S. R. C. Decretum.

11. Obitus die impedito non potest pro Defuncti Anniversario cantari Missa de occurrente Festo, vel Feria privilegiata per applicationem, sed transferri debet; et tunc cantanda est Missa sive ut in Anniversario sive ut in Quotidianis: verba tamen in oratione: *cujus Anniversarium depositionis diem commemoramus* etc. non sunt varianda. S. R. C. 22 Decemb. 1752.

12. In Ecclesiis Parochialibus ruralibus, in quibus per annum plerumque unus tantum Sacerdos celebrat, et sine cantu, potest dici Missa *de Requiem* quando Anniversaria ex Testatorum dispositione, recurrente obitus die, incidunt in Fest. Dupl. maj. Non idem tamen dicendum de diebus 3, 7 et 30. S. R. C. 19 Junii 1700.

13. Hinc ex recensiori S. C. Decreto clarissime constat, quod in iisdem ruralibus Ecclesiis Missa *de Requiem* sine cantu á fortiori dici possit etiam in die obitus, pro quo majora concessa sunt privilegia, cuique suffragare videtur etiam Rituale Romanum tit. de Exequiis n. 4 et 5. ubi ait. «Illud antiquissimi instituti retineatur ut quantum fieri potest, Missa præsente cor-

pore Defuncti pro eo celebretur, antequam sepulturæ tradatur.»

14. Annua commemoratio defunctorum alicujus ordinis seu communitatis non est transferenda, si illa die occurrat Festum Dupl. min. etiam translatum, sed fiet Officium de Duplici cum sola Missa solemni post Tertiam; Officium vero Defunctor. recitandum est post Laudes et omnes Missæ privatæ dicentur pro defunctis in paramentis nigris. S. R. C. 5 Maji. 1736.

15. Quæritur, quando non prohibentur Missæ defunctorum, utrum possit celebrari Missa de Requiem pro defunctis vage sumptis, id est pro quibus communitas debet applicare aliquam vel aliquas Missas, quin celebrans sciat determinate sit ne pro Sacerdote, pro laico, pro viro, pro fœmina etc? Et quatenus affirmative; quæritur insuper, quæ prima Oratio erit dicenda in tali Missa? Responsum fuit: *Affirmative quoad primum.* Ad secundum vero, *Dicenda esse primam Orationem, Deus qui inter Apostolicos* etc. ut habetur in eodem Missali S. R. C. 16 Febr. 1788.

16. Supplicatum fuit apud S. R. C. pro resolutione infrascripti dubii: An in diebus in quibus fit de Festo duplici, cum non possit dici Missa de Requiem, cantata Missa de Sancto, possit fieri in fine hujus Missæ absolutio juxta Lecticam collocatam in plano Ecclesiæ, canente choro *Libera me Domine* etc.? Resp. *Negativè.* Et ita decrevit die 4 Augusti 1708.

17. An Sacerdotes qui recitant Officium de Festo Dupl. confluentes ad Ecclesias sive Regularium, sive aliorum ubi dicitur Officium de semiduplici, possint ibi dicere Missas privat. Deffunctorum? Et responsum fuit *Negativè.* S. R. C. 7 Maji 1746. et 16 Decemb. 1828.

18. Sacerdotes, qui recitant Officium de semiduplici, celebrantes in aliqua Ecclesia in qua recitatur Officium de Duplici, non possunt ibi dicere Missam privatam de Requiem. S. R. C. 9 Junii 1668.

ORDO THURIFICANDI
tumulum in absolutione.

— ❦ —

1. Quando facienda est Absolutio, sive Exequiæ, celebrans sistit se in capite loci inter altare et tumulum, aliquantulum versus cornu Epistolæ, et Subdiaconus cum cruce ad pedes tumuli, et cantatur *Libera me Domine*, stantibus omnibus capite discooperto, etiam celebrante. Circa illius finem ponit incensum in thuribulo * benedicens illud more solito, ministrante Diacono naviculam; et finito *Kirie eleyson* incipit intelligibili voce *Pater noster*, et secreto prosequendo reliqua aspersorium de manu Diaconi accipit, et facta reverentia Altari vel genuflexione SS. Sacramento, si ibi adsit, circumiens feretrum per latum dextrum defuncti seu crucis, ter hoc aspergit, scilicet in pede, in medio, in capite, deinde ter aspergit sinistrum latus sed prius in capite deinde in medio et pede; tum eodem modo quo asperserat, incensat: et hoc sive cadaver præsens sit, sive absolutio fiat ad cænotaphium; et quando transit ante crucem Subdiaconi profunde se inclinat; et advertat dum transit per partem, in qua est crux, ut transeat inter feretrum et crucem.

2. Completa incensatione feretri, reddito prius thuribulo Diacono, facit debitam reverentiam Altari, et stans in suo loco, ut prius, versa facie ad crucem Subdiaconi, dicit, (tenente Diacono librum apertum ante eum, paululum tamen à sinistris ejus) junctis manibus: *Et ne nos inducas in tentationem* et alia quo in Rituali aut Missali habentur. Nam extra Missam dicuntur semper orationes manibus junctis; ille nampe ritus extendendi manus est Missarum proprius. Post orationem dum dicit, *Requiem æternam* etc. facere debet manu dextra (sinistra pectori admota) signum crucis super tumulum vel feretrum, prout expressum habetur in Rubrica missalis, et in cæremoniali Episcopor. licet Ritual. Roman. sileat.

3. Si vero cadaver sit Sacerdotis, et præsens, cum caput Sacerdotis sit versus Altare, et crux inter feretrum et ipsum Altare ut per Decret. S. R. C. 3 Sept. 1746, aliquantulum versus cornu Evangelii si adsit SS. Sacramentum in tabernaculo in-

---

(*) Male faciunt et contra ordinem hierarchicum ii Sacerdotes qui, vel ut se celerius expediant, vel ignorantia sui muneris permittunt ut laicus qui accolyti officio fungitur incensum imponat thuribulo, et imposito offerat Sacerdoti thurificaturo tumulum.

clusum, in tali casu celebrans locari debet ad pedes Defuncti in medio inter feretrum et fores Ecclesiæ ita ut crucem directe respiciat: quo in casu aspersio et incensatio incipiendæ sunt à parte dextra crucis seu Defuncti, nempe in pede, medio, et capite; deinde á parte sinistra in capite, medio et pede.

4. In absolutionibus vero ad tumulum licet Sacerdotis, Episcopi, vel etiam S. Pontificis, quando cadaver præsens non est, crux collocanda est inter tumulum et fores Ecclesiæ, etiamsi hujusmodi tumulus exhibeat præsentiam Sacerdotis, Episcopi vel S. Pont.: et celebrans stare debet juxta solitum inter Altare et tumulum.

5. In absolutionibus tamen non solemnibus faciendis in Præsbyterio pro Sacerdotibus, vel etiam ad Sepulchrum pro particularibus Defunctis, ubi statuuntur duo candelabra cum candelis accensis, loco tumuli, celebrans in aspersione et in incensatione circuire non debet illa duo candelabra, ut fit ad tumulum: sed sufficit ut stando in suo loco ter aspersorium, et thuribulum ducat super pavimentum, nempe primum jactum in medio candelabrorum, secundum á latere eorum dextro, et tertium ad sinistrum. Idemque servandum est in fine Exequiarum in die Depositionis defuncti, quoad aspersionem corporis post canticum *Benedictus*, id est, sine circuitione circa feretrum.

6. In exequiis defunctor. præsente corpore, antequam cantores intonent: *Libera me Domine*, Sacerdos recitat præcem illam quæ habetur in Rituali Romano et quæ incipit: *Non intres in judicium cum servo tuo Domine*, etc. quæ immutata semper remanent: unde etiamsi Defunctus sit fœmina, vel sint plures Defuncti non dicitur *Cum serva tua Domine*, vel *cum servis tuis*. S. R. C. 31 Aug. 1697. Orationem etiam dicit, et reliqua prosequitur, prout notantur in Rituali *De exequiis*. Hæc omnia tradunt Merati, Cavalieri, et Cæremoniale Episcoporum.

Tarracone 11 Martii 1851.

Imprimatur.

ARCHIEPISCOPUS.

De mandato Exmi. et Ilmi. Archiep. Domini mei,

Lic. D. Emmanuel Millá, Canonic. Secr.

MÆNDÆ QUÆ IRREPSERUNT.

Pag.	Lin.	Dicit.	Lege.
Præfat.	4	quod.	quot.
—	6	superficiæ.	superficie.
5	34	et ad oct.	et ab oct.
13	8	Missæ.	Missa.
14	15	præscripta.	præscriptas.
16	23	ex indulta.	ex indultu.
23	22	Metatus.	Meratus.

CPSIA information can be obtained at www.ICGtesting.com
Printed in the USA
BVOW03s1052260115

384965BV00016B/173/P